AF595756

Louis DUVAL

Les Grands Louvetiers Normands

ALENÇON, IMPRIMERIE HERPIN
Vve A. LAVERDURE, SUCCESSEUR

1913

Les

Grands Louvetiers

Normands

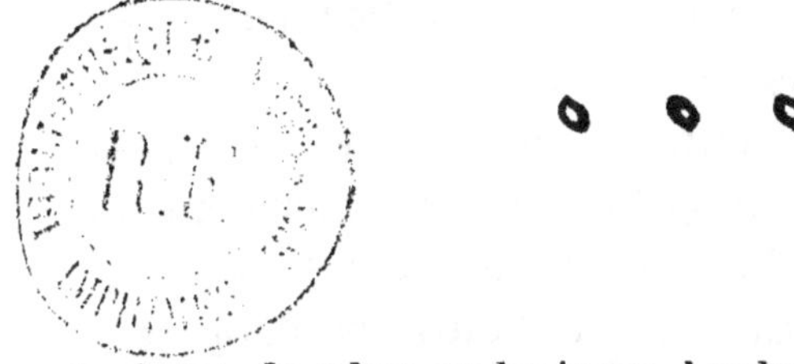

Le loup, le plus audacieux, le plus fort, le plus redoutable des carnassiers de notre pays, n'existe plus chez nous, Dieu merci, qu'à l'état de souvenir. Les dernières captures de loups dans l'Orne datent de 1888.

Le 22 décembre de cette année, une louve pesant 40 kilos fut prise sur la butte Chaumont, près d'Alençon, au cœur de la forêt d'Ecouves. Vers la même époque, le dernier loup qui ait été tué en Perseigne était un très beau mâle mesurant 1 m. 10 de longueur et pesant 42 kilos. Sa peau, préparée avec soin, est conservée au château de Montigny.

Avec M. Jules Duchesne de la Sicotière s'éteignit la série des louvetiers de l'Orne. Pendant près de trois quarts de siècle, on l'avait vu parcourir les forêts d'Ecouves, de Perseigne, à la suite de sa meute, toujours à pied. C'est par centaines que se comptent ses captures de loups. Un jour il envoya à Geoffroy Saint-Hilaire trois louveteaux noirs qui furent nourris à la ménagerie du Muséum. Un autre jeune loup, qu'il avait élevé et domestiqué, fut longtemps un sujet de curiosité pour les Alençonnais. Il l'avait si bien apprivoisé qu'il pouvait le lâcher dans sa cour, de temps en temps, et lancer après lui ses chiens pour les exercer. Le loup filait souvent jusqu'aux abords d'Alençon, suivi de près par les chiens, et, par un brusque retour, regagnait vivement son chenil aux Terres-Noires, sous la protection de son vieux maître qui l'attendait, le fouet à la main, pour écarter les chiens.

Jules de La Sicotière est mort aux Terres-Noires le 11 novembre 1896, à quatre vingt-quatre ans, toujours vert. Il revit dans les *Souvenirs d'un vieux louvetier*, publiés par le vicomte de Beauvais de Saint-Paul.

Les noms des grands veneurs normands du XVIIIe siècle méritent également d'être rappelés. On cite particulièrement parmi eux le comte d'Oilliamson, le marquis de Courcy et le marquis de Faudoas, Cromot du Bourg, la marquise de la Brizolière, dont les chasses en Andaine sont restées légendaires, et dont on admire le portrait dans la remarquable galerie formée par M. Salles, maire de Flers. Mais le plus grand louvetier de cette époque fut M. d'Enneval, dont Le Verrier de la Conterie, dans sa *Vénerie normande ou Ecole de la Chasse aux Chiens courants*, se déclare le disciple et l'ami. Le Verrier de la Conterie, né à Saint-Brice-sous-Rânes, nous révèle, à ce propos, qu'entre les louvetiers et les conservateurs des bois et forêts du Roi ou capitaines des chasses, existait une rivalité profonde. Il paraît que, dans leur zèle pour la conservation des plaisirs de Sa Majesté, ou par la tendance naturelle qu'ont les hommes à étendre leur autorité et leurs prérogatives, ils purent exercer parfois une action nuisible. On sait d'ailleurs qu'à différentes époques un bon nombre de ces capitaineries durent être supprimées. En 1687, René-François Des Chapelles, écuyer, s'était vu interdire, sur l'instance de Jacques Le Din, écuyer, sieur de la Chalerie, maître des eaux et forêts à Domfront, de prendre la qualité de capitaine des chasses et de la garde des aires des oiseaux de poing dans la forêt d'Andaine et autres bois ou buissons, tels que Gestel et le Mont de Hert. En 1699 eut lieu la suppression des capitaineries des chasses d'Alençon, vicomtés de Falaise, d'Argentan, de Domfront, de Bellême et du Perche. Mais écoutons les doléances de Le Verrier de la Conterie sur l'état des forêts au temps de Louis XV. Elles concordent avec celles des riverains en 1789 :

« Pourquoi le nombre des loups s'est-il si considérablement accru depuis quinze ou dix-huit ans ? Ce malheur procède de la création et de la multiplicité de certains officiers connus sous le nom de conservateurs des bois et forêts du Roi. Les moins condamnables sont ceux qui ont eu le but indélicat d'assujettir leurs compatriotes à leur demander la permission de s'amuser, et ceux qui, étant chasseurs, ont voulu s'attribuer, au préjudice de leurs confrères, l'exercice d'un divertissement que tous tenoient en commun de la bonté du Souverain, par la médiation de ses officiers.

« Dois-je croire, comme on le dit, qu'il y en a qui, au lieu de s'en tenir, pour le bien de la culture et la sûreté publique, à faire la guerre aux braconniers, apprentis voleurs de grand chemin, abusent d'une autorité qui ne leur fut jamais confiée, pour tracasser la noblesse qui pourtant sait très bien que son auguste Prince aime à la voir en haleine et accoutumée à la fatigue, comme étant plus en état de combattre ses ennemis ? A plus forte raison Sa Majesté leur accorde la chasse à cor et à cris, qui est l'image de la guerre, leur véritable destination. N'est-il pas criant de voir des gentilshommes distingués être privés, contre la volonté du Maître absolu, de la liberté de chasser un animal que le soi-disant conservateur ne chasse même pas ? Le Roi ne vient point chasser en Basse Normandie ; s'il y venoit, il y verroit son peuple écrasé, verser des larmes de la plus sincère joie, et il y trouveroit des cerfs respectés par tous autres que par des conservateurs qu'il ignore... Le gentilhomme délicat et sensé, plus jaloux de son honneur que de ses plaisirs, a su les sacrifier généreusement à la dignité du sentiment qui l'anime, dès qu'il les a vu dépendre du caprice de son égal, souvent de son inférieur ; il a donc pendu sa trompe au croc jusqu'à un temps plus heureux.

« De là ce nombre innombrable de loups, de sangliers et de renards qui désolent notre malheureuse province. Chaque jour, en effet, on entend celui-ci se plaindre que le loup lui a mangé une jument de trente louis et celui-là un poulain de lait de trois à quatre cents livres. Ainsi, des bœufs, des vaches, des chèvres et des moutons qu'on n'ose plus mener aux champs sans nombre de pâtres, qui, dans la disette où on est de manœuvres, serviroient beaucoup à la culture de quantité de terres qui demeurent en friche, faute d'agriculteurs. Quand les gentilshommes chassoient, ils déclaroient de préférence la guerre aux loups. M. le comte d'Oillamson et M. Le Provôt, avec un équipage pour le cerf, ont toujours eu de bons chiens pour le loup dont ils sont les ennemis décidés ; l'un épiait assidûment une louve qui avoit des louveteaux, la tuoit et détruisoit ainsi toute la famille ; l'autre en faisoit autant dans son canton. A leur exemple, tous les autres chasseurs en vouloient aux loups, et, de cette façon, le nombre diminuoit au lieu d'augmenter.

« L'établissement des conservateurs a fait un tort inappréciable aux sujets du Roi dans leurs récoltes et leurs bestiaux. L'intérêt du Roi, celui de ses sujets dont il est le père, la protection et la bonté dont il honore toujours la Noblesse de son royaume, le bien de l'Etat quant à la culture qui en est le soutien et l'appui, sont autant de motifs qui nous font espérer que Sa Majesté nous tirera d'esclavage et nous rendra la liberté dont nous jouissions ci-devant. Elle ne nous aura pas été si tôt restituée que les loups, les renards et la trop grande quantité de bêtes noires qui dévastent les campagnes, et dont la chasse utile et nécessaire est non seulement permise, mais positivement ordonnée dans les autres royaumes, disparaîtront.

« Dans cet espoir, je vais montrer la manière de les exterminer, d'après les leçons de feu mon ami d'Enneval, un des meilleurs chasseurs de loups qui ait jamais existé. Pour le faire avec ordre, je commencerai par peindre et définir la forme et nature du loup, à qui j'exhorte tous les seigneurs et riches particuliers de déclarer la guerre; protecteurs nés de leurs vassaux, ils ne peuvent leur rendre un service plus grand que celui de les délivrer de pareils ennemis.

« Nous avons, en France, deux sortes de loups, des grands et des petits. Il est une troisième espèce de loups nommés *loups-cerviers* ou *loups-garoux*, appelés ainsi par la nécessité de s'en garer. De là ces meurtres affreux et nombreux arrivés anciennement dans le Piémont, dans le Gâtinois, et, de nos jours, dans le Gévaudan, dont tous les habitants seroient actuellement dévorés si notre bon roi Louis XV, le meilleur chasseur de son royaume, n'avoit pas envoyé M. d'Enneval à leur secours. Le désordre que commettoient ces animaux était tel que les peuples ne pouvoient l'attribuer à des loups; ils l'ont attribué à une prétendue hyène qui n'a existé que dans leur imagination. Mais ce que m'en a dit mon ami d'Enneval, de tous les hommes le plus véridique, cette prétendue hyène ne fut jamais autre chose qu'un loup-cervier ».

Les Vaumesle d'Enneval étaient issus, croyons-nous, de Jean de Vaumesle, sieur des Ulins, anobli par lettres données à Paris, au mois d'avril 1625. Ils portaient : d'azur à trois aiglettes éployées d'or, surmontées d'un soleil de même. Mathurin-Jean de Vaumesle, seigneur de Livet, écuyer, était trésorier de France à Alençon en 1654. Ils tiraient leur nom du hameau de Vaumesle, à Guerquesalle. Charles Yves de Vaumesle d'Enneval, écuyer, vivant en 1734, eut pour fils : 1° César de Vaumesle d'Enneval, seigneur de Lisores, marié à Anne-Madeleine de Brieu, lequel nomma, en 1752, Me Jacques Vaumesle, prêtre, chapelain de Notre-Dame de Grâce à Vimoutiers ; 2° Jean-Charles-Marc-Antoine de Vaumesle d'Enneval, écuyer, qui recueillit l'héritage de son frère en 1767 et devint ainsi seigneur en partie de Lisores. C'est à ce dernier et à son fils, Jean-François de Vaumesle d'Enneval, écuyer, qu'échut la tâche glorieuse de se rendre dans le Gévaudan pour délivrer le pays de l'animal le plus redoutable qu'on eut vu en France depuis le moyen âge et qui est devenu légendaire sous le nom de la *Bête du Gévaudan*.

Une lettre écrite de Marvéjols et adressée à Fréron, rédacteur de l'*Année littéraire*, le 26 janvier 1765, nous apprend que les Etats du Languedoc avaient voté une somme de 2.000 livres pour récompenser celui qui tuerait la bête. Le diocèse de Mende y avait ajouté 200 livres, celui de Viviers autant. Le Roi enfin avait promis une gratification de 2.000 écus. Voici comment, dans une lettre adressée à Fréron, le 1er mars, l'abbé de Vienne, conseiller honoraire de grande Chambre, comte de Brioude, apprécie le mérite du louvetier normand que le roi envoyait au secours de sa province.

« M. d'Enneval est très célèbre par les services qu'il a rendus dans sa patrie. Il s'est uniquement consacré depuis sa jeunesse à cette chose utile. Il n'y a pas de loup qui lui échappe. Il fait souvent des cinquante et soixante lieues plutôt que de manquer l'animal qu'il poursuit. On m'a assuré qu'il a purgé le royaume de plus de trois mille loups. Dans les temps héroïques, il aurait eu des autels comme Hercule ou Thésée ». Dans la même lettre il est dit que « le même gentilhomme eut, il y a quelques années, la gloire de la destruction d'une espèce de loup-cervier qui faisoit d'horribles ravages dans le Soissonnois ». Nous pouvons ajouter qu'en 1764, M. d'Enneval avait dirigé une grande battue, pour la destruction des loups, ordonnée par l'Intendant d'Alençon et qu'on le trouva encore dans le Perche, en janvier 1765, occupé à la terminer *(Archives de l'Orne, C. 549)*.

Dès le 26 janvier 1765, en effet, M. Lallemant de Lévignen, Intendant d'Alençon depuis trente-sept ans, avait reçu l'ordre de M. de l'Averdey, contrôleur général, de se mettre en rapport avec M. d'Enneval et voici un extrait de la réponse à cette lettre, en date du 2 février 1765 :

« J'ai parlé à M. d'Enneval, le fils, capitaine au régiment de recrue d'Alençon (1), et je l'ai engagé à aller chercher Monsieur son père, occupé depuis quelque temps à chasser les loups dans les forêts du Perche, situées dans ma généralité. Ils sont arrivés ici, hier au soir. J'ay proposé au père de se rendre dans le Gévaudan pour tâcher d'y détruire la beste féroce et je l'ay assuré de votre part, Monsieur, que non seulement il seroit remboursé exactement des frais que son voyage lui occasionneroit, mais que s'il parvenoit à détruire cette bête, il seroit récompensé par le gouvernement. Il m'a marqué beaucoup de bonne volonté et m'a dit qu'il étoit prest à partir, suivant vos ordres,

---

(1) On possède des procès-verbaux de revue des hommes du régiment de recrue d'Alençon en 1765 *(Archives de l'Orne, c. 364 et 365)*.

en lui fournissant une somme nécessaire pour les frais de son voyage, comptant faire la route en poste, dans son cabriolet, avec Monsieur son fils, qui ne peut l'abandonner dans un si long voyage, eu égard à son âge avancé. Il mènera avec lui six de ses chiens limiers, accoutumés à la chasse du loup et un domestique pour en prendre soin. Ainsi, je vous prie, Monsieur, de lui faire délivrer la somme dont il aura besoin pour sa route et une lettre pour Monsieur l'Intendant de Languedoc, afin qu'il lui fasse donner les secours dont il aura besoin pour cette chasse dans le Gévaudan. Il m'a assuré qu'il ne quitteroit point qu'il ne fût parvenu à détruire la beste ou à lui faire abandonner le pays ; et comme Monsieur son fils, capitaine au régiment de recrue, ne peut s'absenter sans congé, je vous supplie, Monsieur, de vouloir bien en obtenir un de Monsieur le duc de Choiseul et de me l'envoyer.

« Au surplus, les chiens de ce gentilhomme ne peuvent faire une aussi longue route et promptement sans être transportés, je vous prie de vouloir bien donner des ordres pour faire rendre icy en toute diligence un des petits chariots dans lesquels on transporte les chevaux du Roy aux rendez-vous de chasse.

« Monsieur d'Enneval espère, Monsieur, que vous aurez la bonté de lui faire indiquer la route qu'il doit tenir pour se rendre directement dans le diocèse de Mende où séjourne la beste féroce (1) ».

M. d'Enneval muni d'une lettre pour l'intendant de Languedoc et d'une ordonnance de payement de la somme de 1.000 livres, sur le receveur des domaines d'Alençon, partit de cette ville, en poste, avec son fils, le 12 février 1765.

A peine arrivés dans le Gévaudan et malgré les neiges

---

(2) *Archives de l'Orne, C. 51.* Dossier relatif à la bête du Gévaudan. — Registre de correspondance de l'Intendant, c. 1131.

qui avaient empêché le succès d'une battue organisée le 7 février et à laquelle avaient dû participer vingt-cinq paroisses de la province d'Auvergne et autant du Languedoc, M. d'Enneval et son fils commencèrent des battues dans la seconde moitié du mois de février, avec l'aide des chasseurs du pays, mais sans aucun résultat. La lettre de l'abbé de Vienne, dont j'ai donné un extrait plus haut, nous apprend que M. d'Enneval avait avec lui, outre son fils, deux domestiques, armés de toutes pièces, qu'il appelait ses braves : « Cette petite troupe, dit l'abbé, est depuis le commencement de la semaine dernière à Saint-Flour ; elle y observe la marche de l'ennemi, rassemble des paysans aguerris et des chasseurs et n'attend que l'arrivée de ses limiers, qui doivent être ici ce soir, pour entamer son opération ».

D'après le même correspondant, les intendants de Languedoc et d'Auvergne étaient convenus que si l'on parvenait à prendre la bête, on l'enverrait à Versailles par un courrier exprès et ils avaient donné des ordres pour qu'on fit en sorte de ne lui faire subir aucune mutilation.

Un autre correspondant de Fréron, esprit fin, Labarthe fils, de Marvéjol, en date du 1er avril 1765, nous donne de meilleures nouvelles de M. d'Enneval :

« Il y a neuf mois, Monsieur, que le Gévaudan est désolé et il y a longtemps que toute l'Europe est étonnée que l'animal qui nous rend si célèbres ait pu vivre vingt-quatre heures. Je pourrois répondre qu'avec cinquante dragons, commandés par un officier de la meilleure volonté, qui fait la guerre avec sa paye et souvent à ses dépens, avec le secours des meilleurs chasseurs du Gévaudan et de plusieurs d'Auvergne et du Languedoc, enfin avec l'expérience de MM. d'Enneval qui, du fond de la Normandie, ont conduit des chiens admirables, il y a tout à parier que, dans l'espace de seize lieues quarrées, cette bête ne pourra être tuée que par hasard, à cause de la nature du terrain parsemé de petits bosquets, plein de hauteurs et de fonds marécageux dans laquelle elle ne peut être entourée, à moins que la chasse ne fût plus que générale ».

Labarthe était dans le vrai et c'est évidemment au défaut de discipline et de sang-froid des rabatteurs et chasseurs improvisés, mis à la disposition de MM. d'Enneval, qu'on dut attribuer l'insuccès des battues. M. de Lévignen eut donc tort, croyons-nous, d'écrire à M. d'Enneval une lettre dans laquelle il lui disait : « L'on est étonné dans le public que depuis le mois de février, toutes vos chasses aient été inutiles. Il ne paroit pas, en effet, que vous ayez encore vu la bête féroce ni que vous ayez approché d'elle plus près que d'une et deux lieues. »

M. de Saint-Florentin qui devait mieux s'y connaître, un peu mieux que M. de Lévignen, puisque cette année même, il était blessé si grièvement à la chasse pour qu'on fût obligé de lui faire l'amputation de la main, prit alors le parti d'envoyer dans le Gévaudan M. Antoine, chevalier de Saint-Louis, porte-arquebuse du Roi et lieutenant des chasses de sa Majesté. Une lettre, écrite de Versailles à Fréron, le 18 juin 1765, à la suite de cette décision, contient, en même temps qu'un éloge de M. Antoine, une appréciation plus juste que celle formulée par M. de Lévignen, des tentatives infructueuses de M. d'Enneval : « Après M. d'Enneval, ce gentilhomme de Normandie si estimable par le zèle qui l'a porté d'une extrémité du royaume à l'autre pour aller attaquer la bête anthropophage, personne ne paraissoit plus propre que M. Antoine à entreprendre de le détruire. Ses talents pour différentes chasses sont connus et son goût toujours vif pour cet exercice ne paroit nullement ralenti par la pratique presque journalière de plus de cinquante années. Il a surtout réussi à détruire beaucoup de loups, soit par le moyen des battues qu'il dirige très bien, soit avec le secours de chiens d'une superbe espèce qui n'existe malheureusement plus que dans un tableau représentant la prise d'un loup monstrueux que le roi fit peindre. Sa Majesté fit présent d'une copie de ce tableau à M. Antoine. Les mêmes lévriers qui prirent ce loup chassèrent aussi le grand loup du Soissonnais,dont il est parlé dans la lettre de M. de Vienne. Puisse-t-il rencontrer le monstre destructeur ! Au reste il est suivi d'une bonne quantité d'excellents tireurs. Il suffit de vous dire que le choix a été fait dans les capitaineries de Saint-Germain et de Versailles par M. le duc d'Ayen et par M. le comte de Noailles. Mgr. le duc d'Orléans, Mgr. le prince de Condé et Mgr. le duc de Penthièvre se sont empressés de contribuer à cette expédition en donnant aussi, à M. Antoine, l'élite de leurs gardes-chasse et les meilleurs de leurs limiers. »

Ces renseignements nous sont confirmés par une lettre de M. de Lévignen adressée à M. d'Enneval, le 14 juillet, qui contient des appréciations si peu bienveillantes de la peine qu'il s'était donnée pour rendre au pays le service qu'on attendait de lui. Il nous apprend que M. Antoine était parti avec quatorze gardes-chasse ; que M. Duhamel,chef d'escadron de dragons, lui avait été adjoint, avec un nombreux détachement de soldats et de cavaliers de la maréchaussée et que M. d'Enneval fut alors invité à agir de concert avec lui. Cependant à la fin de juillet M. d'Enneval dut être rentré dans ses foyers, avec la permission du contrôleur général. Une lettre de lui à M. de Lévignen, datée de Lyon, le 24 juillet, nous précise la date de son départ. Le 6 août, M. de Saint-Florentin fut informé du retour de M. d'Enneval après bien des fatigues. Le 18 la récompense à laquelle il avait droit lui fut accordée, avec une pension annuelle de 300 liv. Un mois après l'animal que M. d'Enneval n'avait pu atteindre tombait sous la balle de M. Antoine, comme nous l'apprend une lettre adressée de Clermont à Fréron, le 23 septembre :

« La bête arriva hier au soir à Clermont ; elle a été tuée de la main de M. Antoine père, dans les bois de l'abbaye des Chases (1), à vingt ou vingt-cinq lieues d'ici. Elle a 32 pouces de hauteur ; sa longueur est de 5 pieds 7 pouces et demi, en y comprenant la queue qui est extrêmement fournie ; la grosseur ou circonférence de l'animal est de 3 pieds et le poids de 130 livres. Sa conformation est celle d'un très gros loup et non d'une hyène. Ce qui me confirme dans cette opinion, c'est ce que vient de me dire M. Antoine fils : il assure avoir vu cet animal marcher de compagnie avec une louve, bien décidée telle et trois louveteaux. M. Antoine père est actuellement à leur poursuite. Cette bête est bien précisément celle qui a attaqué ou dévoré tant de gens dans l'Auvergne et dans le Gévaudan. Elle a été reconnue, suivant le procès-verbal qui en a été dressé, par différentes personnes dont quelques unes avoient lutté contre elle, et nommément par cette jeune fille qui avoit osé la percer au-dessous de l'épaule il y a quelques mois ; j'en ai vu et touché la cicatrice.

« Un de mes amis qui arrive de Mende, a vu entre les mains de l'évêque un état qui prouve que, dans ce seul diocèse, l'animal a dévoré 46 personnes et blessé 71. Tous ces faits sont de la plus grande exactitude ; vous y pouvez compter comme si vous les aviez vus vous-même. »

Une seconde lettre datée de Fontainebleau le 12 octobre 1765 et malheureusement non signée comme la précédente, nous fournit quelques précisions intéressantes. Le procès-

(1) Saint-Pierre-des-Chases, abbaye de Bénédictines au diocèse de Saint-Flour.

verbal daté du 20 septembre, est concordant avec le rapport précédent quant au poids et aux dimensions de l'animal, véritablement extraordinaires. Il note la grosseur et la longueur des dents et des crocs et nous fait connaître que quelques jaloux avaient osé contester à M. Antoine, vieillard de 71 ans, qui avait parcouru les montagnes pour atteindre le loup monstrueux, l'honneur de lui avoir donné le coup de la mort, parce qu'il en a été tiré un second. Le procès-verbal dressé par M. Antoine et revêtu de la signature d'un subdélégué, M. de la Fond, des curés, des maires, des consuls et des principaux habitants du canton, fut imprimé par ordre de l'intendant d'Auvergne. L'auteur de la lettre remarque encore que pendant trois mois de recherches ce loup n'avait pas été aperçu ni par M. Antoine ni par aucun de ses gardes. Il avait reçu la balle dans l'œil pendant qu'un de ses postes lui criblait le côté. L'animal tomba, se releva, vint sur lui en tournant et s'arrêta à dix pas. M. Antoine appela à son secours et Reinhard, garde de Mgr. le duc d'Orléans, qui accourut, tira l'animal dans le derrière; il fit vingt pas et tomba mort. L'intendant d'Auvergne s'empressa d'envoyer la bête au Roi par le fils de M. Antoine, au moment même où M. Antoine père apprenait qu'une louve et des louveteaux avaient paru dans le bois où avait été tué le grand loup. Sans perdre un instant, il se mit à leur poursuite, voulant achever la tâche jusqu'au bout.

M. de Vaumelle d'Enneval ne devait pas survivre longtemps aux fatigues excessives qu'il avait courageusement supportées au cours des battues pénibles qu'il avait dû faire dans les montagnes et à travers les buissons et les marais du Gévaudan, au cœur de l'hiver, au milieu des neiges et des glaces. Il paraît être mort en 1769, âgé de soixante-neuf ans. Son fils, après sa mort, prit le titre de seigneur de Lisores; il parvint au grade de colonel d'infanterie, fut ensuite pourvu de la charge de lieutenant des maréchaux de France, et se retira avec une pension du Roi et la croix de Saint-Louis qu'il avait si bien gagnée. Il avait obtenu également la croix d'un ordre étranger, celui de Saint-Philippe, mais nous apprenons, par une lettre adressée par l'intendant d'Alençon Jullien, le 3 octobre 1777, qu'il ne fut pas autorisé à la porter en France. Il habitait le château de la Gasselinaye, situé sur la rive droite de la Vie, entre Lisores et Vimoutiers. Il figura à l'assemblée de la Noblesse de la vicomté d'Argentan pour l'élection des députés aux Etats généraux en 1789.

www.ingramcontent.com/pod-product-compliance
Lightning Source LLC
LaVergne TN
LVHW050515160826
845677LV00003B/1155

* 9 7 8 2 3 2 9 6 2 0 9 4 7 *